1816.

Mémoire

sur les Finances,

Adressé au Roi et à la Commission de la Chambre des Députés, chargée de l'examen du Budget proposé par les Ministres le 23 Décembre 1815;

Par J. Ouvrard, en février 1816.

OBSERVATIONS PRÉLIMINAIRES.

AUSSITÔT que le Gouvernement Royal eût été rendu à la France, au mois d'avril 1814, je m'occupai de la formation d'un plan de Finances qui pût embrasser, tout à la fois, la satisfaction due aux CRÉANCIERS de l'État, le soulagement des CONTRIBUABLES et la restauration du CRÉDIT public.

Je ne connaissais pas encore le projet du Ministre des Finances ni les états de situation qu'il a fournis plus tard au Roi et aux deux Chambres ; et , dès le mois de mai 1814, prenant pour point de départ le BUDGET des années précédentes et les notions générales qu'on pouvait avoir sur la consistance de l'ARRIÉRÉ, je remis au Gouvernement un Mémoire sur les Finances , où je passai en revue :

1°. Les *recettes* et les *dépenses* ordinaires *présumées*, avec les détails des articles dont elles se composaient ;

2°. Le montant *présumé* de l'ARRIÉRÉ et le mode de son acquittement en rentes sur l'État, avec des BONS SUPPLÉMENTAIRES qui devaient en faire ressortir la valeur au pair ;

3°. La valeur des *indemnités* à accorder aux Français *émigrés*, dont on avait vendu les biens ;

4°. La consistance de la DETTE *perpétuelle inscrite* et des *nouvelles rentes* à créer , tant pour le paiement de *l'arriéré* que pour *l'indemnité* aux *émigrés* ;

5°. Et enfin , la fondation d'une *caisse d'amortissement* dotée d'un revenu proportionné à l'importance de la dette publique , et exclusivement destinée à l'objet de son institution , sans mélange d'aucunes fonctions étrangères à *l'amortissement*.

Les renseignemens que je m'étais procurés et que j'avais pris pour règle dans mon travail, se trouvèrent exacts et conformes , à peu de chose près , à ceux que le Ministre des Finances donna officiellement quelque temps après ; et il me sembla que j'avais indiqué les véritables moyens d'assurer la marche de l'Administration des Finances , en dégageant tout à fait le passé de l'avenir , en faisant pleine justice à tous les créanciers , et en proportionnant les recettes ordinaires aux besoins de tous les services courans , sans excéder les forces des contribuables.

DU SYSTÈME DU MINISTRE DES FINANCES

EN 1814.

Je ne trouverais aucune utilité et je ne prendrais aucun plaisir à révéler ici les inconvéniens et les vices d'un plan de Finances proposé en 1814, adopté par confiance en son auteur et déjà jugé et condamné par l'expérience, si le nouveau plan proposé par son successeur, par respect pour la loi du 23 septembre 1814, et soumis aujourd'hui à la délibération des Chambres, ne renfermait pas précisément les mêmes vices que celui de 1814, avec un surcroît de danger relatif à la position critique où les événemens de 1815 ont placé la France ; mais, en exposant les erreurs et les fautes commises dans la formation du BUDGET de 1814, j'aurai déjà averti de celles que renferme le nouveau BUDGET.

Le plan de 1814 embrassa un système plus fastueux que solide ; on crut relever le crédit de l'État, en se faisant fort de payer, dans l'espace de trois ans, un ARRIÉRÉ qu'on évaluait à près de 800 millions, et dont, en attendant le remboursement du capital, l'intérêt aurait cours sur le pied de 8 p. o/o par an.

Au lieu de soulager les contribuables et de signaler le retour de la paix et celui d'un bon Roi, par une modération d'impôt, on laissa subsister les contributions telles qu'elles étaient sous Bonaparte, en 1813 ; on augmenta même les contributions directes, en doublant presque et en faisant verser directement au Trésor les centimes additionnels destinés aux dépenses départementales, et l'on parvint ainsi à se procurer un excédant de recette, sur la dépense, de 70 millions, qu'on déclara applicable aux créanciers de l'ARRIÉRÉ.

On consomma d'avance, et toujours dans la vue de faire face à l'ARRIÉRÉ, toutes les recettes extraordinaires provenues et à provenir du prix des biens des Communes, vendus en vertu de la loi du 20 mars 1813, et du prix des biens cédés à la caisse d'amortissement; c'était priver le Gouvernement du fonds de réserve qu'on pouvait et devait former pour être en garde contre les événemens imprévus, même contre les supputations erronées qu'il était sage de craindre dans une première évaluation des recettes et des dépenses ordinaires présumées.

Tout cela ne suffisant pas encore pour réaliser le présomptueux espoir d'un remboursement de 7 à 800 millions, en trois ou quatre ans, à mesure de liquidation de l'ARRIÉRÉ, le Ministre demanda, de plus, la mise en vente de 300.mille hectares de bois de l'État.

Enfin, le Ministre négligea, ou au moins ajourna la fondation d'une caisse d'amortissement, si nécessaire à établir à côté d'une dette publique, soit pour en maintenir le cours, soit pour préparer les voies à l'usage du crédit et à de nouvelles constitutions de rentes, en cas de besoins extraordinaires.

Je combattis les propositions du Ministre des Finances, avant qu'elles fussent admises; mais il manifesta une confiance si entière dans le succès de son plan que les deux Chambres cédèrent; et la loi du 23 septembre 1814 adopta toutes ses idées avec le simple amendement de la réduction de 10 centimes sur les centimes additionnels des contributions directes, qu'il avait voulu porter à 60 et qui furent fixés à 50 seulement.

SUITE DE LA LOI DE FINANCE,
du 23 Septembre 1814.

1ere. ÉPOQUE : du 23 Septembre 1814, au 20 Mars 1815.

A peine le Ministre eût-il fait l'essai de son plan, quant au mode d'extinction de l'ARRIÉRÉ, qu'il reconnut apparemment l'impossibilité d'y faire face, même avec les moyens extraordinaires qu'il s'était ménagés, et que la loi du 23 septembre 1814 avait mis à sa disposition.

Car, après s'être assuré qu'au lieu de 759 millions qu'il avait annoncés, il n'y avait réellement que 593 millions d'ARRIÉRÉ à acquitter, cette somme de 593 millions lui parut encore trop forte ; et, pour en diminuer le fardeau, il eut recours à un expédient dont il n'avait rien dit lors de son rapport au Roi et aux deux Chambres, ce fut de distinguer l'ARRIÉRÉ en deux classes ; savoir : l'ARRIÉRÉ de 1809 et des années antérieures, et celui des années postérieures à 1809 ; comme si la confiance donnée au précédent gouvernement, à la première de ces deux époques, avait dû être moins bien fondée et plus périlleuse que celle qu'on lui avait accordée à la seconde.

« Ce qui importe au crédit de l'Etat, disait le Ministre, c'est de payer reli-
» gieusement et pleinement tous ses créanciers : leur donner, au lieu d'argent,
» des rentes qui perdent 40 ou 50 p. o/o, c'est leur faire banqueroute de
» deux cinquièmes ou d'une moitié ; il faut, quand on ne peut pas les payer tout
» de suite, leur donner quelque chose qui soit égal à de l'argent comptant : cet
» équivalent se trouve dans les obligations royales que je propose de créer,
» avec toutes les garanties dont je les accompagne ; parce qu'en définitif, ces
» obligations seront remboursées en argent, soit à leur échéance, soit même au-
» paravant, par les rachats que le Trésor pourra en faire ; et, pour compenser

» l'inconvénient du terme de trois ans que je demande, en cas de besoin, j'at-
» tache à ces obligations, au lieu de l'intérêt ordinaire de 5 p. o/o, un in-
» térêt de 8 p. o/o par an, que j'appelle par cette raison, INDEMNITÉ ; ainsi c'est
» comme si j'avais remboursé les créanciers de l'ARRIÉRÉ en numéraire. »

Mais ce n'était qu'en faveur des créanciers de 1810 et des années suivantes, que le Ministre faisait ce raisonnement; à l'égard des créanciers de 1809 et des années antérieures, il ne voulait les payer qu'en rentes sur l'Etat, perdant alors 30 à 40 p. o/o.

Et le prétexte de cette distinction était une loi du 20 mars 1813, qui avait ordonné le remboursement, en inscriptions ou en rentes sur l'Etat, de toutes les créances provenant des exercices de 1809 et des années antérieures ; le Ministre conclut de là que la condition de ces créances avait été définitivement réglée, et il prit, de son chef, la résolution de les rembourser en rentes, quoiqu'il les eût comprises dans l'évaluation générale de l'ARRIÉRÉ à 759 millions, payables en obligations du Trésor à 3 ans, portant 8 p. o/o d'intérêt par an : ces deux modes de paiement contradictoires, l'un en rentes, et l'autre en obligations, pour des créances de même nature et de même origine, détruisaient à eux seuls tout le mérite prétendu d'un système annoncé comme monument de fidélité envers tous, et ne faisant néanmoins que partiellement justice.

Au reste, les créances de 1809 et années antérieures s'élevaient à 91 millions ; ainsi il n'y avait plus à rembourser en obligations du Trésor que 500 millions d'ARRIÉRÉ exigible.

Sur ces 500 millions, et avant que la loi du 23 septembre 1814 eût pu être mise en activité, il avait été remboursé, avec les recettes courantes du 1er. trimestre de 1814, une somme de 57 millions, et, avec des recettes provenant des exercices de 1813 et années antérieures, environ 27 millions, en tout 84 millions environ.

Ce qui réduisait l'arriéré exigible et effectif à 416 millions.

C'est donc sur ces 416 millions seulement que le Ministre a eu à opérer, en donnant des obligations du Trésor en paiement.

Il n'a pu émettre que pour 36 millions de ces OBLIGATIONS.

Au moyen de quoi l'arriéré, antérieur au 1er. avril 1814, s'est trouvé réduit, au 1er. octobre 1815, à 380 millions, à part ce qui appartient à 1809 et aux années antérieures (1).

Mais pourquoi le Ministre n'a-t-il pu émettre que 36 millions d'obligations ?

C'est qu'à mesure d'émission, cette valeur incertaine était livrée sur la place au rabais ; le cours en avait fléchi jusqu'à 22 p. o/o de perte, et on ne parvint à le relever qu'en s'abstenant d'émissions nouvelles, et en restreignant celles déjà faites par des achats avec les fonds du Trésor, à la somme de 14 millions seulement : ce n'est que par cet artifice que le cours nominal des obligations a paru, avant le 20 mars 1815, se rapprocher du pair.

Cependant il y avait aisance au Trésor royal, et Bonaparte y a trouvé 48 millions à son arrivée à Paris.

J'ai déjà indiqué les principales causes de cette aisance passagère, dans mon Mémoire du mois de mai 1814 (page 45).

1°. Les recettes de 1814 et des deux premiers mois de 1815 avaient été beaucoup plus fortes que le Ministre ne les avait évaluées dans son budget ;

2°. Les 50 centimes extraordinaires imposés par le décret du 6 février 1814, et non compris dans le budget, avaient été versés au Trésor royal, et la moindre partie seulement en avait été employée aux indemnités et aux bons de réquisition qu'ils devaient servir à acquitter ;

3°. Les rentrées provenant du prix de la vente des biens des

_____

(1) Voir l'état N°. 11 , annoncé au budget, présenté le 23 décembre 1815.

communes, de ceux cédés à la caisse d'amortissement et des bois
de l'Etat, étaient venues accroître encore *momentanément* l'a-
bondance des fonds du Trésor ;

4°. Et enfin les dépenses de 1814 n'étaient pas soldées, et le
nouvel arriéré qui s'était formé, pour cette année là seulement,
depuis la loi du 23 septembre 1814, était de 103 millions.

Toute la sollicitude du Ministre, dans l'organisation de son
plan de Finances, avait été en faveur des *obligations* du Trésor
destinées au paiement de l'ARRIÉRÉ ; il y avait sacrifié toutes les
autres branches de l'administration ; et, comme il avait besoin
d'obtenir chaque année un excédant de recette notable qui pût être
versé dans la caisse du rachat des obligations, il avait, par cette
raison, d'un côté, forcé la mesure des impôts, et de l'autre,
réduit les crédits des divers ministères au-dessous des véritables
besoins : le Ministre de la Guerre, par exemple, ne pouvait pas
avec 200 millions, faire face à toutes les dépenses du personnel
et du matériel de l'armée française, et de là est née la fatale réduction à demi-solde, qui a peut-être servi de prétexte ou de
motif au mécontentement de l'armée, et de principal point d'ap-
pui à l'usurpation et à la révolte.

D'aussi déplorables mesures, d'aussi faux calculs, étaient encore réparables avant le mois de mars 1815, et dans les observations additionnelles à mon premier Mémoire, faites au mois
d'octobre 1814, j'avais provoqué de tout mon pouvoir la réforme
déjà sollicitée, comme indispensable, par l'expérience d'un mois
seulement.

Le Gouvernement lui-même s'était décidé dans le tems, sur
mes observations, à nommer une commission de neuf personnes
chargées de la formation d'un nouveau plan de Finances ; mais
le crédit du Ministre empêcha la nomination définitive et offi-
cielle des commissaires.

Une autre faute non moins grave fut commise : pour ne pas

émettre des rentes, on éluda, ou on ajourna les réclamations des ministres étrangers, pour le règlement et la consolidation des créances assurées par le Traité de Paris ; cette inattention est devenue un germe de mécontentement et de méfiance, et a peut-être augmenté, lors du Traité de 1815, la rigueur des précautions et des exigences des Puissances alliées.

2e. É P O Q U E. : *Du 8 juillet au mois d'octobre 1815.*

Lorsqu'après les trois mois d'interrègne, le Ministre est venu reprendre les rênes de l'Administration des Finances, il ne pouvait plus faire usage, même pour les besoins les plus urgens, à moins d'enfreindre la loi du 23 septembre 1814, qui était son ouvrage, ni du prix des biens des communes, ni de celui des biens cédés à la caisse d'amortissement, ni de celui des bois de l'Etat ; il a été pris au *dépourvu,* comme je l'avais craint et annoncé dans mes observations additionnelles du mois d'octobre 1814, où je disais : *qu'il n'y aurait qu'un nouvel appel aux contribuables, déjà trop surchargés, qui pût le mettre à portée de pourvoir à la dépense urgente et non prévue que pourrait exiger le salut de l'Etat.*

Il était, dira-t-on, impossible de prévoir le retour de Bonaparte et une nouvelle invasion ; mais tout autre malheur, toute autre cause de dépense extraordinaire auraient mis le Ministre dans le même embarras ; dans tous les cas, les fonds lui auraient manqué, et comme, pour le succès de son plan, il fallait supposer l'absence de tout accident pendant trois ans, et que cette supposition n'était pas admissible, il n'y a pas à se retrancher aujourd'hui sur la nature singulière du malheur survenu à l'Etat.

Réduit à l'obligation de surcharger les contribuables, au mois d'août 1815, le Ministre a encore choisi, entre tous les moyens d'impositions possibles, le plus arbitraire, le moins productible et le plus contraire même à la nature de l'impôt.

2

On entend par impôt une part quelconque des revenus ou des capitaux que possèdent les sujets de l'Etat ; mais une part déterminée et uniforme pour tous les contribuables , c'est-à-dire d'un 20me. d'un 10me. ou de telle autre portion fixe du revenu ou du capital imposable.

Le Ministre ne s'est pas réglé sur ce principe , et il a fait un appel aux contribuables , propriétaires et capitalistes , en masse , en se réservant de taxer chacun d'eux selon le caprice des commissaires et des agens du Gouvernement ; en sorte que le millionnaire pouvait être affranchi de la taxe ou très-légèrement imposé , tandis que son voisin , sans fortune , mais signalé comme riche par erreur ou par malveillance , était frappé d'une forte contribution : tel a été le vice de l'emprunt de 100 millions , levé en vertu de l'ordonnance du 16 août 1815. Cette mesure fiscale a rappelé la faculté qui avait été donnée à tout patriote, en 1793, d'arrêter et de traduire devant le comité révolutionnaire quiconque , à l'air de son visage seulement , paraîtrait suspect au patriote.

Aussi peut-on dire que , sans l'empressement général des Français à aller au-devant de tous les sacrifices , sous quelques formes qu'ils fussent demandés , pour soutenir et conserver le Gouvernement du Roi , il y aurait eu partout résistance à la levée de l'emprunt ; l'autorité aurait été obligée de fléchir , et le Ministre seul aurait été responsable d'un tel malheur.

PLAN DE FINANCES

pour 1816 et pour l'avenir.

Tout est changé depuis un an dans la situation politique et financière de la France, et son Gouvernement ne saurait commettre, sans le plus grand danger, les mêmes erreurs et les mêmes fautes qu'en 1814.

Il ne faut pas s'abuser encore sur l'aisance actuelle du Trésor royal. Elle a aussi des causes qui ne se renouvelleront pas et particulièrement la dépense faite pendant plusieurs mois par les administrations départementales pour tous les besoins des armées françaises et étrangères.

C'est, pour ainsi dire, au milieu de ruines qu'il faut procéder pour relever l'édifice de la fortune publique ; et ce sont surtout les contributions étrangères qui rendent la tâche de l'Administration des Finances plus délicate et plus pénible qu'elle ne l'a été en France à aucune époque. Nous avons, de plus qu'en 1814, à payer aux étrangers 700 millions en numéraire, dans l'espace de 5 ans, et 130 millions par an, pendant 3 ans au moins, pour l'entretien de 150 mille hommes de garnison ; et, à une époque où la balance du commerce est déjà contre la France, ce n'est plus par comparaison avec les revenus ordinaires de l'État qu'il faut juger de l'énormité d'une telle contribution, c'est par le retranchement qu'elle opère sur les moyens de circulation et de reproduction dont elle privera les sujets de l'État. Un impôt ordinaire, quel qu'il soit, n'est, quant à la circulation intérieure, qu'un déplacement momentané d'espèces ; à peine est-il entré dans les coffres du Trésor qu'il retourne aux caisses particulières et dans les mains des contribuables eux-mêmes, par le paiement des dépenses du Gouvernement ; et, en dernière analyse, rien n'est perdu pour le service général des transactions et des pro-

cédés du commerce ; mais il n'en est pas ainsi d'un tribut expor-
table à l'étranger ; il ne peut pas s'acquitter sans diminuer la
masse des moyens d'échange nécessaires à la circulation intérieure , et par conséquent la richesse de l'ÉTAT proprement dit ,
abstraction faite du fisc qu'il ne faut jamais confondre avec l'État,
quoique leurs intérêts soient communs : ce que les GOUVERNÉS
payent à leur Gouvernement, ils le payent, pour ainsi dire , à
eux-mêmes ; mais ce qu'ils payent à un gouvernement étranger
est perdu pour eux sans retour. En un mot, l'IMPÔT bien réparti,
sans être trop surchargé , bien employé, donne la vie et la force à
l'État ; le TRIBUT l'énerve et le ruine.

TENTATIVE D'EMPRUNT A L'ÉTRANGER.

Ces considérations m'avaient engagé à chercher un expédient
capable de diminuer ou de ralentir le dommage de l'exportation
de 700 millions à payer en 5 ans aux Puissances alliées , en vertu
du Traité du 20 novembre dernier , ce ne pouvait être qu'en
faisant intervenir, comme prêteurs, les étrangers eux-mêmes
pour l'acquittement de cette contribution , et en faisant agréer à
ces prêteurs leur paiement en rentes sur l'Etat ; alors il n'y aurait
point eu de capital à débourser par les contribuables ; il n'y
aurait eu qu'un surcroît d'impôts à établir pour le paiement des
nouvelles rentes et pour leur amortissement graduel.

J'avais été assez heureux pour ouvrir , avec certitude de la réaliser , une négociation sur cette base avec une maison étrangère
assez puissante pour contracter et pour remplir un semblable
engagement ; la situation financière de la plupart des Puissances
alliées aurait facilité des compensations favorables à l'exécution
du projet ; mais il fallait leur concours unanime , et ce concours
a manqué. On peut espérer de renouer plus tard , sous d'autres

formes , cette opération salutaire , pour une portion quelconque des contributions promises ; mais , dans l'état actuel des choses , c'est dans le sein de la France elle-même que nous avons à puiser les moyens de libération.

Nous pouvons et nous devons encore , malgré tous nos désastres , espérer et prétendre , même sous le rapport de nos finances , à la considération des autres Etats , et faire succéder à la gloire des armes sujette à tant de revers , la gloire moins brillante , mais plus féconde en résultats heureux , de la sagesse dans les conseils et de la bonne foi dans l'exécution des engagemens. Prête , en apparence , à succomber sous le poids de ses maux , la France saura faire sortir de cet état même d'accablement et de malheur , un plan de libération , d'ordre et de fidélité qui fondera son crédit sur des bases inébranlables , et la replacera , selon le vœu des Puissances alliées elles-mêmes , au rang des NATIONS HEUREUSES ET PUISSANTES.

Je crois qu'il est encore possible , comme il l'était en 1814 , de proposer, au Roi et aux deux Chambres, des mesures de Finances qui embrasseront tout à la fois :

1°. Le soulagement des CONTRIBUABLES ;

2°. La sûreté des CRÉANCIERS de l'Etat , quels qu'ils soient ;

3°. Le rétablissement ou plutôt la création du *crédit public ;*

4°. Et enfin l'aisance des procédés de l'Administration.

C'est là la tâche que je me suis imposée dans la recherche et la formation du plan de Finances que je présente aujourd'hui , et dont j'ose penser que l'admission mettrait la France en état :

1°. De payer tout ce qu'elle doit sans rien faire perdre ;

2°. De se dégager absolument des réclamations de tout le passé ;

3°. De diminuer dès à présent les impôts , et notamment les contributions directes ;

4°. D'ajourner la vente des bois de l'Etat , et d'en réserver la ressource comme PALLADIUM de crédit ; et pour les cas extrêmes ;

5°. De regarder et retenir , comme réserve particulière et

comme recette auxiliaire, le produit de la vente des biens des communes et des biens cédés à la caisse d'amortissement ;

6°. Enfin, de fonder un CRÉDIT PUBLIC, et d'associer les intérêts particuliers à l'intérêt général.

Tous ces bons effets ne sauraient être obtenus sans assurer, en même temps, l'accomplissement inviolable des engagemens pris envers les puissances étrangères, et elles verront, je l'espère, dans l'adoption du nouveau régime de Finances, dans l'évidence des ressources qu'il présente, et surtout dans la bonne foi qui présidera à leur emploi, une garantie non moins sûre et plus conforme à leurs vœux que celle que peut leur donner l'attitude menaçante qu'elles conservent sous les étendards de l'amitié et de la paix.

De la Consolidation et des Bons supplémentaires.

C'est à une CONSOLIDATION véritablement digne de ce nom qu'il faut avoir recours ; et j'entends, par là, celle qui, au moment même de la conversion en rentes sur l'Etat des dettes qu'on veut acquitter de cette manière, leur assure une valeur égale au capital représenté par les rentes, et qui garantisse aux créanciers qu'à une époque déterminée, ils seront les maîtres de réaliser et de se procurer sans perte la rentrée de ce capital.

La rigoureuse obligation serait, je le sais bien, de payer en argent comptant tout ce qui a un caractère exigible et qu'on nomme ARRIÉRÉ, quelle qu'en soit l'origine ; mais tout le monde est forcé de convenir que cela est impossible ; et tout le génie des créateurs de plans de finances, toutes leurs méditations ne sauraient tendre qu'à gagner, par un procédé quelconque, le temps nécessaire pour accréditer et faire résoudre en argent, sans aucune perte, les valeurs données en paiement aux créanciers de l'État. Si on renonce au secours du temps, il n'existe plus aucun moyen de paiement complet et intégral. Le grand art en cette matière, le véritable secret à trouver, c'est de donner, dès à présent, aux créanciers toujours pressés de recevoir, une valeur dont ils puissent faire usage dans leurs affaires par des emprunts ou autrement, d'attacher à cette valeur l'intérêt ordinaire, et d'assigner une époque précise à laquelle les créanciers, NANTIS de la valeur donnée en paiement, puissent la réaliser sans perte, ou recevoir, en cas de perte, la différence qui leur reviendra.

Toute autre mesure, après celle de payer comptant, serait une banqueroute qui rendrait le rétablissement ou la création du crédit public impossible et serait, en général, d'un effet fâcheux et dangereux pour l'État et pour le Roi.

Cette condition sera remplie par une création de BONS SUPPLÉMENTAIRES, tels que je les ai indiqués dans mon Mémoire du mois de mai 1814 (page 29), et qui ne sont autre chose qu'un engagement particulier pris, au nom de l'État, de payer à une époque déterminée, la différence ou le déficit qui se trouvera alors, d'après le cours de la place, entre la valeur de la rente ou de l'inscription remise en paiement, et le capital pour lequel elle aura été remise. Il ne s'agit donc plus que de régler le terme de l'acquittement de CES BONS SUPPLÉMENTAIRES ; et c'est sous cet unique rapport que j'appelle le temps au secours du débiteur, c'est-à-dire au secours de l'État ; car, d'ailleurs, il s'acquitte dès à présent envers ses créanciers en leur délivrant une inscription productible de 5 p. o/o de rente, et pouvant être immédiatement employée comme gage et moyen de crédit pour sa pleine valeur.

Si, au lieu de bons supplémentaires, on voulait donner des annuités ou d'autres valeurs fixes quelconques pour balancer, en faveur des créanciers, la différence du cours des rentes sur la place à leur valeur au pair, on ferait fléchir, à l'instant même, et le cours des rentes et celui des annuités ; il y aurait toujours une perte inévitable à subir ; le sort des créanciers, dans ce cas là, ne serait pas exempt de dommage et de danger, comme il l'est par l'effet des bons supplémentaires qui garantissent absolument de toute perte.

Mais la différence essentielle qui rend les *bons supplémentaires* préférables aux annuités et à tout autre moyen de couvrir la différence du prix des rentes sur la place à leur valeur au pair, c'est que le caractère conditionnel des bons supplémentaires rend l'État lui-même partie intéressée à l'amélioration du cours des rentes, et par conséquent à l'emploi de tous les moyens propres à les accréditer ; cet intérêt devient un principe de confiance pour les capitalistes français et étrangers, et augmente la concurrence des acheteurs de fonds publics.

Enfin, en donnant des annuités ou tel autre engagement fixe aux créanciers pour la différence dont on les indemnise, on charge irrévocablement l'État de la valeur de cette indemnité ; au lieu qu'en leur donnant des bons supplémentaires, la charge que l'État s'impose n'est que conditionnelle et subordonnée à l'amélioration du cours des rentes, et qu'il n'y aura rien à payer du tout, ou très-peu de chose, si les rentes atteignent le pair, ou qu'elles s'en approchent.

La fixation du terme de paiement des BONS SUPPLÉMENTAIRES doit correspondre à l'époque de l'affermissement du crédit de l'État ; et, d'après toutes les données de la raison, cette époque doit commencer après l'acquittement de nos engagemens envers les Puissances alliées ; il n'y a pas de présomption à dire qu'alors la France reconnue fidèle à ses traités, la France devant compter sur la paix et la confiance, au dehors comme au dedans, verra sa dette publique s'élever au niveau de celles des états dont le crédit garantit la puissance, et que dès lors les BONS SUPPLÉMENTAIRES et *conditionnels* qui auront été donnés à ses créanciers, ou s'évanouiront comme-superflus, ou seront tellement réduits dans leur objet, qu'il n'en coûtera presque rien pour le paiement de la différence représentée par ces *bons*.

Mais si, contre toute attente, l'aspect du bon état et de la bonne administration des finances et celui de notre libération successive n'avaient pas déjà opéré, aux approches de l'échéance des BONS SUPPLÉMENTAIRES, une grande amélioration dans le cours de nos fonds, la tâche du Gouvernement serait alors de seconder par quelque puissant moyen l'activité et les efforts de la caisse d'amortissement, et de faire rentrer dans les mains de l'État toutes les parties de la dette publique, dont le flottement sur la place nuirait à l'élévation du prix des fonds.

Ce moyen puissant et efficace se trouverait, au besoin, dans le prix de tout ou partie des bois de l'Etat, que rien n'oblige de faire vendre à présent ; mais dont la vente, à l'époque dont je parle et dans le cas prévu, aurait une véritable utilité, puisqu'elle tendrait à racheter à bas prix une partie de la dette publique, et à éteindre GRATUITEMENT, par l'élévation du prix des rentes, la valeur des BONS SUPPLÉMENTAIRES.

La création de ces BONS SUPPLÉMENTAIRES renferme un principe de crédit INCONNU *jusqu'à présent*. C'est un ennemi de l'agiotage, puisqu'elle tend à augmenter et à maintenir le prix de la rente, une prime d'assurance, un véritable balancier qui établit un équilibre parfait : si la rente baisse, le bon supplémentaire s'élève, et si le bon supplémentaire baisse, la rente s'élève ; et, par exemple, la rente à 60, le bon supplémentaire vaut 40, et la rente à 90, le bon supplémentaire n'est exigible que pour 10. Il ne manque plus au développement de ce principe que d'organiser la dette publique de manière à intéresser à son sort tous les sujets de l'État ; c'est ce que je crois pouvoir obtenir encore du procédé particulier qui, dans mon plan et comme je l'expliquerai bientôt, doit servir à rembourser aux contribuables les avances qu'ils ont à faire pour l'acquittement des tributs dus aux puissances étrangères.

3

DU BILAN DE LA FRANCE
et de la situation actuelle de ses Finances.

Il convient de donner en ce moment à l'Europe le BILAN de la France, c'est-à-dire le tableau de ses charges et de ses ressources, et de faire voir que l'État, au moyen des mesures qui vont être prises, après s'être mis à jour avec ses créanciers et avoir pourvu au paiement des contributions étrangères, peut encore réduire dès à présent les impôts, et assurer le service de ses dépenses ordinaires et celui de sa dette publique.

Je divise le bilan de la France en DEUX PARTIES.

La PREMIÈRE concerne son service intérieur, sa dette publique et ce qu'elle doit à ses créanciers sous le titre d'ARRIÉRÉ ou autrement.

La DEUXIÈME n'est relative qu'aux contributions étrangères qui lui ont été imposées par le Traité de Paris, du 20 novembre dernier.

Le BUDGET ou le plan de finances doit comprendre ces DEUX PARTIES, et pourvoir, d'une manière absolue, aux moyens d'accomplir tous les engagemens qui en dérivent.

Une TROISIÈME PARTIE sera consacrée à l'énonciation de la consistance de la dette publique et aux moyens d'amortissement créés pour la réduire.

PREMIÈRE PARTIE.
Service intérieur.

Je le divise ainsi qu'il suit ; savoir :

1°. Les dépenses générales ordinaires pour 1816 ;

2°. Les recettes ordinaires pour 1816 ;

3°. Les dépenses extraordinaires intérieures de 1816 ;

4°. Les recettes extraordinaires de 1816 ;

5°. La liquidation de l'ARRIÉRÉ et des indemnités à accorder aux Français ÉMIGRÉS dont les biens avaient été vendus au profit de l'État.

§ Ier. *Dépenses ordinaires de 1816.*

Le budget, fourni par le Ministre, au mois de décembre dernier, porte ces dépenses à la somme de 524 millions 700,000 fr. J'admets, sans discussion, sauf les deux articles ci-après, les évaluations du Ministre, et je rappelle seulement ce que j'ai dit dans mon Mémoire de 1814 (page 12) sur la tendance naturelle du Ministère à vouloir faire, en simple théorie, des économies qu'il est ensuite impossible de réaliser dans la pratique.

J'ajoute néanmoins aux 524 millions 700,000 fr., montant de l'évaluation du Ministre, une somme de 26 millions pour l'augmentation du fonds d'amortissement de la dette publique.

Ce fonds d'amortissement ne figure au budget que pour 14 millions à prendre sur le produit des postes. Je crois qu'il doit être augmenté de 26 millions, dont 20 millions à prendre sur le revenu des bois de l'État, et 6 millions sur le produit des loteries ; ce qui le portera à 40 millions par an. A ce compte, les dépenses ordinaires de 1816 monteraient à 550 millions 700,000 francs ; mais il y aura à retrancher sur les dépenses du Ministre de l'intérieur une somme de 40 millions à cause de la séparation à faire désormais des dépenses départementales d'avec les dépenses du Trésor.

Ainsi la totalité des dépenses ordinaires ne sera plus que de 510 millions 700,000 fr.

§ II. *Recettes ordinaires de 1816.*

Le budget du Ministre évalue ces recettes à 727 millions.

Il convient d'en retrancher environ 107 millions pour le montant des 50 centimes additionnels des contributions directes, à la charge par les contribuables de pourvoir, comme autrefois, par l'entremise des administrations locales, aux dépenses départementales et communales . . . . 107 millions.

La recette pour 1816 sera donc de 620 millions, ce qui présentera un excédant de la recette ordinaire sur la dépense ordinaire, de la somme de 109 millions 300,000 fr. , dont nous verrons tout à l'heure l'emploi. .

Je dois faire observer que le produit des impositions indirectes, tel qu'il est annoncé dans le budget, pourrait être moindre, à cause des modifications et des amendemens que la Chambre peut apporter aux nouveaux droits que le Ministre a proposé d'établir. Mais pour parer à cette diminution et à d'autres accidens non prévus, je compose un fonds de réserve particulier du produit provenu ou à provenir, depuis le 1er. octobre 1815, des ventes déjà faites à cette époque, ou qui ont pu l'être depuis, ou enfin qui pourront l'être plus tard, et jusqu'à la promulgation de la loi nouvelle, tant des biens de communes que des biens cédés à la caisse d'amortissement, et des bois de l'État : ce produit est, d'après la loi du 23 septembre 1814, exclusivement affecté aux créanciers de l'arriéré.

L'excédant de 109 millions 300 mille francs que présente la recette sur la dépense pour l'année 1816, formera, avec les 73 millions de cautionnemens et retenues, le 1er. article d'un fonds particulier de 182 millions 300 mille francs, destiné à couvrir d'autant la portion payable en 1816, sur les contributions étrangères.

§ III. *Dépenses extraordinaires intérieures de* 1816.

Ces dépenses ne consistent que dans le remboursement de l'impôt de 100 millions , levé en vertu de l'ordonnance du Roi , du 16 août dernier , et dans la formation du fonds de 60 millions pour dégrèvement et indemnités en faveur des départemens qui ont le plus souffert par le séjour et le passage des troupes alliées , en tout...........160 millions.

Cette somme de 160 millions sera remboursée en rentes , à provenir de la nouvelle CONSOLIDATION, avec attribution de BONS SUPPLÉMENTAIRES, pour en faire ressortir la valeur au pair ; au moyen de quoi , les contribuables seront affranchis de la subvention extraordinaire de 160 millions , dont le budget , proposé par le Ministre , les frappait pour 1816.

§ IV. *Recettes extraordinaires de l'Intérieur, en* 1816.

Dans le budget du Ministre , elles sont évaluées à 73 millions ; savoir :

50 millions pour supplément de cautionnemens ;

10 millions donnés par le Roi , sur la liste civile ;

13 millions pour réductions sur les traitemens.

Je réunis cette somme aux 109 millions 300 mille francs , faisant l'excédant de la recette ordinaire sur la dépense ordinaire de 1816 ; ces deux articles formeront un fonds particulier et extraordinaire de 182 millions 300 mille francs , qui sera retenu par le Trésor et servira à couvrir d'autant les paiemens , faits et à faire , en 1816 , pour les contributions étrangères.

De cette manière , il y aura 182 millions 300 mille francs

fournis sur les 270 millions à payer en 1816 pour les contributions étrangères, et il ne restera à pourvoir à ce sujet, qu'à une somme de 87 millions 700 mille francs.

§ V. *De l'*ARRIÉRÉ *et de l'indemnité des* ÉMIGRÉS.

Suivant le budget fourni par le Ministre, tout l'ARRIÉRÉ antérieur au 1er. janvier 1816 s'élève à 625 millions.

Dans mon Mémoire du mois de mai 1814 (page 23), j'ai évalué les indemnités à accorder aux ÉMIGRÉS sur le pied du revenu présumé de leurs biens vendus, à raison de 5 p. o/o par an, du capital de 400 millions.

Ces deux articles entreront aussi dans la CONSOLIDATION générale, et seront convertis en rentes sur l'Etat, accompagnés de bons supplémentaires savoir : pour 31 millions 250 mille fr. de rentes, au profit des créanciers de l'ARRIÉRÉ, et pour 12 millions de rentes au profit des ÉMIGRÉS.

DEUXIÈME PARTIE.

Service des Contributions étrangères.

Elles consistent, d'une part, dans la somme de 700 millions payables en 5 ans et jour par jour, aux Puissances alliées, suivant le Traité de Paris, du 20 novembre dernier ; et d'une autre part, dans la somme de 130 millions à payer chaque année, pendant 5 ans au moins, pour l'entretien de 150 mille hommes de troupes étrangères ; plus, en une somme de 800 mille francs, dus à la Maison des comtes de Beintheim et de Steinfurt.

NOTA. « Les 7 millions de rentes, représentant les engagemens du Traité de » Paris, du 31 mai 1814, envers les sujets des Puissances alliées, se trouvent

» compris dans la composition de la dette publique, portée au budget du Mi-
» nistre, et dans la dépense ordinaire de 1816. »

La somme à payer, pour les contributions étrangères, est donc
de 700 millions d'une part, et de 390 millions de l'autre.

En tout, 1 milliard 90 millions, payable, savoir :

An 1816 $\left\{ \begin{array}{c} 140 \\ 130 \end{array} \right\}$ 270 millions.

An 1817 $\left\{ \begin{array}{c} 140 \\ 130 \end{array} \right\}$ 270 millions.

An 1818 $\left\{ \begin{array}{c} 140 \\ 130 \end{array} \right\}$ 270 millions.

An 1819   140   140 millions.

An 1820   140   140 millions.

TOTAL......1,090 millions.

A-compte de cette somme d'un milliard 90 millions, et sur la
première échéance de 1816, il y aura celle de 182 millions 300
mille francs, payés et remboursés par les deux articles ci-devant
mentionnés, savoir : le 1er., de 109 millions 300 mille francs pour
l'excédant de la recette ordinaire sur la dépense ordinaire de 1816,
et le 2e., de 73 millions, pour les supplémens de cautionnement
et retenues proposés dans le budget du Ministre.

Ainsi, il restera à se procurer, pour compléter le 1,090 millions,
un fonds de 907 millions 700 mille francs, dont 87 millions 700
mille francs seulement pour la présente année 1816.

S'il avait été possible de se procurer cette somme de 907 millions par la voie d'un emprunt, soit à l'intérieur, soit à l'étranger,
en donnant aux prêteurs l'équivalent en inscriptions au grand-
livre de la dette publique de France, pour une rente annuelle et

perpétuelle égale à 5 p. o/o de la somme prêtée , cette opération eût été le chef - d'œuvre du crédit ; car , non seulement elle aurait affranchi les contribuables de tout déboursé actuel et immédiat , mais elle aurait attaché à la fortune de l'Etat tous les prêteurs , régnicoles ou étrangers , dans les mains desquels se seraient placées et divisées les rentes représentatives de l'emprunt.

Si le prêt eût été fait par l'étranger , il aurait eu , de plus , le bon effet de ralentir la prodigieuse exportation de numéraire , dont nous sommes menacés pendant 5 ans ; et comme un semblable emprunt ne pouvait avoir lieu que sous la protection des Puissances alliées , elles seraient alors devenues elles - mêmes parties intéressées au maintien du crédit de la France , et par conséquent à la stabilité de son Gouvernement et à la conservation de la paix.

Ce sont ces considérations , et les circonstances , qui m'avaient engagé à provoquer l'assistance et l'intervention d'une ou plusieurs Maisons étrangères , pour l'acquittement actuel des 700 millions , payables en 5 ans aux Puissances alliées , en donnant en échange une quantité de rentes sur l'Etat , proportionnée au capital ; et il est à regretter que , faute d'unanimité dans l'assentiment des Puissances , la négociation n'ait pas pu se réaliser.

Mais , ce que nous n'avons pu obtenir des étrangers pour le moment , ce que *nous n'obtiendrons pas non plus actuellement, par l'effet du crédit intérieur,* nous pouvons le demander aux contribuables , c'est-à-dire qu'au lieu de les imposer sèchement et gratuitement , comme il le faudrait bien à mesure d'échéances, à une somme de 907 millions qui serait absolument perdue pour eux , nous leur emprunterons la même somme , aussi à mesure d'échéances , et nous leur donnerons ce que nous aurions donné à d'autres prêteurs , Français ou Étrangers , c'est-à-dire des rentes sur l'État , sur le pied de 5 p. o/o du capital déboursé.

A la faveur de ce procédé , les contribuables deviendront eux-mêmes créanciers de l'Etat pour la somme qu'ils auront fournie', et que, dans l'ordre naturel, ils auraient été appellés à payer purement et simplement, sans rien recevoir : ce ne seront plus des CONTRIBUABLES acquittant un impôt, ce sont des PRÊTEURS à inscrire, comme les autres possesseurs de rentes, au grand-livre de la dette publique, et ils recevront aussi, comme compris dans la CONSOLIDATION nouvelle au profit des créanciers que l'Etat désintéresse aujourd'hui, des BONS SUPPLÉMENTAIRES, qui feront ressortir, au pair, la valeur de leurs rentes.

Avant de parler de l'accroissement que cette grande CONSOLIDATION apportera à la dette publique et des moyens par lesquels cet accroissement sera balancé, je demande qu'on veuille bien comparer le sort des CONTRIBUABLES, dans le cas d'admission du plan de Finances proposé par le Ministre, avec leur condition dans le plan que je propose.

Suivant le plan du Ministre, ils ont à payer en pure perte, et sans contre-valeur :

En 1816 $\begin{cases} \text{Subvention extraordinaire de.... 160} \\ \text{1}^{er}\text{. 5}^{e}\text{. de la contribution étrangère.140} \\ \text{Entretien de 150 mille hommes...130} \end{cases}$ 430 millions.

En 1817 $\begin{cases} \text{2}^{e}\text{. 5}^{e}\text{. de la contrib. de 700 millions.140} \\ \text{Entretien de 150 mille hommes ..130} \end{cases}$ 270.

En 1818 *Idem.*   *idem*.............   270.

En 1819 4e. 5e. de la contrib. de 700 millions.   140.

En 1820 Dernier 5e. *idem*..............   140.

TOTAL........ 1,250 millions.

Et en payant cette somme de 1,250 millions, dont 430 millions

4

dans la première année même, ils ne reçoivent aucune indemnité, aucune autre valeur, pour se préparer à payer l'année suivante.

Dans le plan que je propose, au contraire, ils n'ont à payer que les sommes suivantes ;

S A V O I R :

En 1816, au lieu de 430 millions.. 87 millions 700 mille fr.

En 1817.......... 270
En 1818.......... 270
En 1819.......... 140   820 millions.
En 1820.......... 140

T O T A L.......... 907 millions 700 mille fr.

Au lieu de 1,250 millions.

Et encore, ce n'est pas comme *contribuables* et débiteurs qu'ils sont appelés à payer cette somme, mais à titre de *prêteurs*, pour devenir créanciers de l'État, et pour recevoir une valeur qui leur servira, chaque année, à préparer leurs paiemens pour l'année suivante. La différence est de 343 millions ; et c'est précisément sur la portion payable en 1816, que porte cette différence, soulagement inappréciable, à la suite des charges extraordinaires occasionnées par le séjour et le passage des troupes alliées.

Outre ce soulagement, les contribuables obtiennent encore, dans mon plan, partie des 50 centimes additionnels aux contributions directes, à la condition de s'imposer eux-mêmes, pour les dépenses communales et départementales ; ce dégrevement ne peut pas être estimé moins de 40 millions, et les contribuables y gagnent encore la satisfaction de devenir eux-mêmes les régulateurs de leurs dépenses locales et les témoins immédiats de l'emploi de leurs fonds, sauf les mesures administratives à prendre pour la régularisation de cette disposition.

Des rentes à provenir de la nouvelle Consolidation.

Ces rentes se composent, savoir :

1°. De celles à provenir de l'ARRIÉRÉ antérieur au 1ᵉʳ. janvier 1816, montant à 625 millions, et devant produire, à mesure de liquidations . . . . 31 millions 250 m. fr. de rente.

2°. Des rentes à constituer au profit des ÉMIGRÉS dont on a vendu les biens, évalués à . . . . 12 millions.

3°. Des rentes à provenir du capital de 160 millions, à convertir en inscriptions pour le remboursement de 100 millions, levés en vertu de l'ordonnance du 16 août 1815 et des 60 millions assignés pour indemnité et dégrevement . . . . 8 millions.

4°. Des rentes à provenir du capital de 907 millions 700 mille francs, qui aura été fourni par les contribuables, pour le paiement des contributions étrangères . . . . 45 millions 385 mille francs.

TOTAL. . . . . . 96 millions 635 mille francs.

Mais ce n'est que successivement et dans l'espace de cinq ans que cette constitution de rentes nouvelles aura lieu ; et on peut la borner à 85 millions 859,841 fr. 80 c., suivant le projet ci-après:

Il ne faut pour cela, que faire emploi chaque année, en 1817, 1818, 1819 et 1820, comme en 1816, de l'excédant des recettes ordinaires sur les dépenses ordinaires, à acquitter d'autant les contributions étrangères.

Je prends ici , pour point de départ, l'état des recettes et des dépenses ordinaires du Trésor, tel qu'il a été présenté dans le plan, savoir :

En évaluant les recettes à..... f. 620 millions.
Et les dépenses à........... f. 510 millions 700,000.

Excédant des recettes. f. 109 millions 500,000.

Je suppose que les élémens des recettes et des dépenses ordinaires, adoptés pour 1816, seront les mêmes pour les quatre années subséquentes, sans l'accroissement de dépense causé pour le service des rentes de la consolidation nouvelle ; et je fais, en conséquence, le compte suivant :

A N N É E 1816.

Dans cette première année, je ne porte au budget rien en dépense pour les rentes de la consolidation nouvelle, parce que la jouissance la plus prochaine ne devant commencer qu'en 1816 (22 septembre), il n'y aura lieu, qu'en 1817, au paiement du premier semestre d'arrérages.

A N N É E 1817.

Il y aura à payer, dans cette année 1817, en arrérages de rentes provenant de la nouvelle consolidation :

1°. Ceux des 8 millions de rentes qui auront remplacé la subvention extraordinaire de 160 millions, destinée à rembourser l'emprunt de 100 millions, levé en vertu de l'ordonnance du 16 août 1815, et à faire face aux indemnités et aux dégrevemens en faveur des Départemens qui auraient le plus souffert par le passage et le séjour des troupes alliées ; ci . . . . 8 millions. »

2°. Les arrérages des rentes provenant de ce qui aura été liquidé, en 1816, sur *l'arriéré* et sur *l'indemnité* aux *émigrés* dont on a vendu les biens : il est raisonnable d'estimer que cette liquidation s'opérera, pour un quart du total, dans chacune des 2 premières années, 1816 et 1817, et pour les deux autres quarts dans la 3e. année 1818 ; or, à ce compte, on aurait liquidé en 1816 :

Sur *l'arriéré* un quart de 31 millions 250,000 f. de rentes,
      Environ 7 millions 800,000
Sur l'indemnité aux Emigrés, un quart de 12 millions . . . . .
      3 millions

} 10 millions 800,000 f.

3°. Les arrérages des rentes provenant du capital de 87 millions 70,000 fr. qui aura été prêté, en 1816, par les contribuables pour solder les contributions étrangères payables dans cette année, ci   4 millions 385,000 f.

Total des nouvelles rentes qui auront été inscrites en 1816, et dont le service commencera en 1817 . . . . 23 millions 185,000 f.

Le paiement de ces 23 millions 185,000 fr. de nouvelles rentes, dans l'année 1817, diminuera d'autant l'excédant des recettes ordinaires sur les dépenses ordinaires ; ainsi, cet excédant, au lieu

d'être , comme en 1816 , de 109 millions 300,000 f. , ne sera plus
que de 86 millions 115,000 f.

En appliquant cette dernière somme de 86 millions 115,000 fr.,
au paiement des contributions étrangères exigibles en 1817 , et
qui montent à 270 millions , il ne restera plus à payer, pour
solde , que 183 millions 885,000 fr. : cette somme de 183 millions
885,000 f. sera avancée et prêtée , selon le plan proposé , par les
contribuables , et entrera dans la nouvelle consolidation.

Année 1818.

En 1818 , il y aura à payer pour le service des rentes de la nouvelle consolidation ;

1°. Comme en 1817 . . . . 23 millions 185,000 f.

2°. Pour les rentes provenant du capital de 183 millions 885,000 f. prêté par
les contribuables en 1817 , pour les con-
tributions étrangères , ci . . . . 9 millions 194,250 f.

3°. Pour les rentes provenant de la liquidation du 2e. quart de *l'arriéré* et de
l'indemnité des émigrés . . . . 10 millions 800,000 f.

Total des nouvelles rentes paya-
bles en 1818 . . . . 43 millions 179,250 f.

Cette somme de 43 millions 179,250 fr. diminuera encore d'autant l'excédant de la recette ordinaire sur la dépense ordinaire
de 1818 ; et cet excédant, au lieu d'être , comme en 1816 , de
109 millions 300,000 fr. , ne sera en 1818 , que de 66 millions
120,750 fr.

Cette dernière somme de 66 millions 120,750 fr. sera applicable , en 1818 , aux contributions étrangères payables dans

cette année et montant à 270 millions, pour solde desquelles les contribuables auront à prêter, en conséquence, 203 millions 879,250 fr., devant produire, dans la nouvelle consolidation, 10 millions 193,962 fr. 50 c. de rentes.

ANNÉE 1819.

Les rentes à payer en 1819, provenant de la nouvelle consolidation, seront :

1°. Comme en 1818........... 43 millions 179,250 f.

2°. Les deux derniers quarts ou la seconde moitié des rentes provenant de la liquidation de *l'arriéré*, et de l'indemnité des *émigrés*...... 21 millions 650,000 f.

3°. Les rentes provenant du prêt de 203 millions 879,250 fr. que les contribuables auront fait en 1818.. 10 millions 193,962 f. 50

Total des rentes de la nouvelle consolidation payables en 1819..................... 75 millions 23,212 f. 50

Cette somme de 75 millions 23,212 fr. 50 c. à payer pour nouvelles rentes, en 1819, réduira à 34 millions 276,787 fr. 50 c., l'excédant de la recette ordinaire sur la dépense ordinaire de cette année 1819.

Il n'y aura donc, en 1819, que 34 millions 276,787 fr. 50 c. à appliquer au paiement des contributions étrangères, montant, pour cette année là, à 140 millions.

Ainsi, il restera à fournir et à prêter, par les contribuables, une somme de 105 millions 723,212 fr. 50 c.. pour completter les 140 millions, ce qui produira une rente nouvelle au profit des contribuables, de 5 millions 286,160 fr. 65 c.

A N N É E 1820.

Les rentes à payer en 1820, provenant de la nouvelle consolidation, seront :

1°. Comme en 1819.......... 75 millions 23,212 f. 50 c.

2°. Les rentes provenant du prêt
de 105 millions 723,212 f. 50. c. qui
aura été fait par les contribuables,
en 1819, pour le service des contri-
butions étrangères.............. 5 millions 286,160 f. 65 c.

Total des rentes nouvelles
payables en 1820............. 80 millions 309,373 f. 15 c.

Cette somme de 80 millions 309,373 fr 15 c., pour nouvelles
rentes en 1820, réduira l'excédant de la recette ordinaire sur la
dépense ordinaire à 28 millions 990,626 fr. 85 c., aulieu de 109
millions 300,000 f. comme en 1816.

Il n'y aura donc à appliquer aux contributions étrangères
payables en 1820, et montant à 140 millions, que cette somme de
28 millions 990,626 fr. 85 c. ; et le surplus de 111 millions 9,373 f.
15 c., sera prêté par les contribuables, et leur produira une nouvelle rente de 5 millions 550,468 fr. 65 c., à joindre aux rentes
déjà inscrites dans les années précé-
dentes de..................... 80 millions 309,373 fr. 15 c.

Rentes à inscrire en 1820, comme
il vient d'être dit .... 5 millions 550,468 f. 65

La totalité des rentes à provenir
de la nouvelle consolidation, sera
en 1821, de.................. 85 millions 859,841 f. 80

En résultat, le service des rentes de la nouvelle consolidation n'aura augmenté la dépense ordinaire, en 1821, que de la somme de 85 millions 859,841 fr. 80 c., inférieure de 23 millions 440,158 f. 20 c. à l'excédant de la recette ordinaire sur la dépense ordinaire, tel qu'on l'a calculé en 1816, où il s'élève à 109 millions 300,000 f.

La totalité de la dette publique perpétuelle en 1821, s'élèvera, savoir :

1°. Pour les rentes portées au budget
de 1816, à................... 77 millions 779,002 fr.

2°. Pour les rentes de la nouvelle
consolidation à................ 85 millions 859,841 f. 80 c.

TOTAL..... 163 millions 638,843 f. 80 c.

A côté de ce résultat, il convient de placer le tableau de progression de l'amortissement qui se sera opéré sur ces rentes de 1816 à 1825, au moyen de l'emploi du fonds annuel de 40 millions dont la Caisse d'amortissement aura été dotée, et des arrérages qui en proviendront, en supposant que les achats de rentes soient faits au cours commun de 75 p. 0/0.

5

TABLEAU d'amortissement des *Rentes* de 1816 à 1825.

1ʳᵉ. année (1816). L'emploi de 40 millions , au cours de 75 p. o/o ,
aura procuré 2,666,000 de rente , ci... 2 millions 666,000

2ᵉ. année (1817). L'emploi de................... 40 millions.
Plus , des rentes acquises en 1816. . 2,666,000

42,666,000

Procurera , en rentes , à 75 p. o/o..... 2 millions 844,000

3ᵉ. année (1818). L'emploi de................... 40,000,000
Plus, des rentes acquises en 1816 et
1817 5,510,000

45,510,000

Procurera , en rentes , à 75 p... o/o...... 3 millions 34,000

Amortissement des trois 1ʳᵉˢ. années......... 8 millions 544,000

4ᵉ. année (1819). L'emploi du fonds de............ 40,000,000
des rentes acquises dans les trois
années précédᵗᵉˢ., montant à. 8,544,000

48,544,000

Procurera en recettes , au cours de 75 p. o/o. 3 millions 235,000

5ᵉ. année (1820). L'emploi du fonds de............ 40,000,000
Plus , des rentes acquises précédemᵗ. 11,779,000

51,779,000

Procurera , au cours de 75 p. o/o........ 3 millions 451,900

Tᴏᴛᴀʟ de l'amortissement dans les cinq années. 15 millions 230,900

Amortissement de 1821 à 1825 , d'après les
mêmes calculs. . . . . 21 millions 029,180

Tᴏᴛᴀʟ ɢéɴéʀᴀʟ. . . . . . 36 millions 260,080

RÉSUMÉ..

La totalité de la dette publique perpétuelle, en 1825, en y comprenant les rentes de la nouvelle cousolidation, sera de........... 163 millions 638,843

Sur quoi il aura déjà été amorti.. 36 millions 260,080

Ce qui réduira la somme de rentes en circulation à.................. 127 millions 378,763

Le fonds d'amortissement devant être, en 1825, porté à plus de 75 millions par an, à cause des rentes acquises dans les cinq années précédentes, près de moitié de la dette s'amortirait encore dans les dix années subséquentes.

Ce sont là toutes les rentes qui, en opérant l'entière libération de l'Etat, formeront l'objet de la CONSOLIDATION que je propose, accompagnée de BONS SUPPLÉMENTAIRES portant garantie, au nom de l'Etat, qu'à une époque déterminée, ces rentes ressortiront au pair et sans perte.

En supposant le cours de 80 fr. lors du premier remboursement des bons supplémentaires, la somme à payer en cinq ans serait de................................. 340 millions.

Elle serait seulement de................ 170 millions.

en admettant le cours de 90, et, par conséquent, 68 ou 34 millions d'augmentation à chacun des budgets de 1825 à 1830.

Enfin, 17 millions seulement au cours de 95, et la dette des bons supplémentaires serait éteinte sans paiement, si la rente s'élevait au pair.

DE L'ORGANISATION DES BONS SUPPLÉMENTAIRES,

De leur délivrance et de leur remboursement.

A mesure qu'il sera délivré, aux créanciers compris dans la nouvelle CONSOLIDATION, l'inscription qui leur reviendra, d'après la liquidation faite à leur profit, et qui sera absolument de même nature que les autres inscriptions de rentes sur l'Etat, il leur sera délivré en même tems, sous la forme de bon au porteur, tout à fait distinct et indépendant de l'inscription, une obligation particulière, intitulée BON SUPPLÉMENTAIRE, créée en vertu de la loi du   1816, contenant promesse de payer aux époques désignées par la loi, la différence qui sera reconnue exister à chacune de ces époques entre le cours commun que les rentes auront eu sur la place, pendant le semestre précédent, et le capital des mêmes rentes évaluées au pair, c'est-à-dire sur le pied de vingt fois la rente ou au taux de 5 p. o/o par an.

Le paiement de cette différence sera fait comptant ou en rentes au cours aux époques déterminées.

Ces époques de remboursement seront au nombre de cinq, d'année en année, à commencer en 1825, cinq ans après le paiement des contributions étrangères.

En conséquence, chaque partie de 25 fr. de rentes, comprise dans la nouvelle CONSOLIDATION, et représentant un capital de 500 fr., sera accompagnée de la remise d'un BON SUPPLÉMENTAIRE, répondant à ce capital.

Les porteurs des parties de rentes moindres de 25 fr. par an, se concerteront pour les réunir jusqu'à concurrence d'une rente de 25 fr. au moins.

La mesure d'exécution est simple et susceptible d'amélioration que l'expérience fera juger nécessaire.

Les rentes à créer représentant l'arrérage des 87 millions à emprunter cette année, seraient divisées entre les conseils généraux des départemens, et subdivisées par eux aux communes.

Les receveurs de canton, d'accord avec les maires, réuniraient les petites cotes devant concourir à l'inscription de 25 fr. ; et cette rente ou son capital servirait d'auxiliaire aux contribuables pour l'année suivante.

Cette création de ressources ainsi subdivisées et appliquées aux plus petites localités, occasionnera la réunion de petits capitaux qui, par espérance de profit, concourront aux rachats de ces valeurs, et classeront, comme créanciers de l'Etat, des individus et des capitaux qui jusqu'alors étaient restés entièrement étrangers à toute opération de rentes et d'emprunt du Gouvernement.

Tous les Bons seront numérotés et seront divisés en cinq séries égales ; la première série commencera par le N°. 1, et les autres séries se succéderont aussi par ordre de N^{os}.

Le sort indiquera, chaque année, du 31 décembre 1825 au 31 décembre 1830, la série des Bons appelés au remboursement.

Le Gouvernement aura la liberté d'anticiper les tirages et le remboursement des Bons, mais il ne pourra pas anticiper moins d'une série à la fois.

On comprend qu'à chaque époque de remboursement, si le cours des rentes, pendant le semestre précédent, n'avait été qu'à 80 ; par exemple, la différence à rembourser aux porteurs de BONS SUPPLÉMENTAIRES serait de 20 p. o/o, ou d'un cinquième du capital de la rente, c'est-à-dire de 200 francs sur 1000.

Ainsi, il est clair que le créancier qui recevra actuellement une inscription en paiement, et qui aura la certitude de pouvoir, en définitif, la réaliser au pair et sans perte, peut, dans l'intervalle, en user comme d'un gage pour le service de ses affaires, recevoir à chaque semestre la rente qui y est attachée, et gagner ainsi l'époque du remboursement du Bon supplémentaire.

Si on m'objectait que, par besoin ou par méfiance, ce créancier pourrait se décider à vendre, dès à présent, au cours de 60 p. o/o, et à se constituer ainsi en perte de 40 p. o/o, je répondrais d'abord, quant au cas de besoin, que la facilité d'emprunter y pourvoirait ; à l'égard du cas de méfiance, qui n'est pas très-intéressant, je pourrais répondre que je n'ai pas le don d'empêcher les gens mal avisés de courir volontairement à leur perte ; mais j'ai une meilleure réponse à faire : c'est que par le développement des précautions qui, selon mon plan, doivent être prises pour la sûreté du service des rentes sur l'Etat et pour leur amortissement, il est très-probable que, même avant l'échéance des bons supplémentaires, le crédit de la dette publique sera tellement fondé et affermi, qu'il n'y aura rien ou fort peu de chose à suppléer pour la différence promise et représentée par les Bons : il sera démontré, en outre, que si, dans les premières années, le progrès du crédit était trop lent, le Gouvernement aurait à sa disposition des moyens réels pour l'accélérer et pour profiter lui-même des bas cours auxquels les rentes pourraient se trouver encore sur la place.

TROISIÉME PARTIE.

De la Dette publique de France et de son amortissement.

Suivant le budget du Ministre (état N°. 15), la totalité des rentes perpétuelles ou des 5 p. o/o consolidés , inscrits ou à inscrire, avant le 1er. janvier 1816, s'élève à 77,779,002 f. , savoir :

Pour la dette inscrite au 1er. octobre 1815. . 65,393,312

Pour la dette à inscrire avant le 1er. janvier 1816 12,385,690

Ce dernier article comprend :

1°. Les rentes à inscrire au profit des communes ;

2°. Celles à inscrire provenant de l'arriéré, antérieur au 1er. avril 1814 (service de 1809 et années antérieures) ;

3°. Celles à inscrire pour le paiement des dettes du Roi ;

4°. Celles servant de garantie au paiement des créances dues aux sujets des puissances étrangères ;

5°. Celles à inscrire au profit de la Maison des comtes de Beintheim et Steinfurt ;

6°. Celles à inscrire au profit de la ville de Hambourg.

Ainsi, je n'ai à ajouter à l'état fourni par le Ministre , pour entrer dans la composition de la dette publique , que les objets ci-devant indiqués , comme faisant la matière de la nouvelle CONSOLIDATION avec BONS SUPPLÉMENTAIRES.

Cette nouvelle CONSOLIDATION embrasse 85 millions 859,841 fr. 80 c. de rentes à inscrire successivement dans le cours de 5 ans.

En sorte que , d'ici à cinq ans , la dette perpétuelle inscrite ou à inscrire s'élèvera

à 77 millions 779,002 fr. d'une part

et 85 *idem.* 859,841 fr. 80 c. d'autre part.

Total 163 millions 638,843 fr. 80 c. dont la caisse d'amortissement aura déjà racheté plus de 15 millions.

DE LA CAISSE D'AMORTISSEMENT.

J'ai indiqué, dans mon Mémoire du mois de mai 1814 (page 33), les principes qui doivent présider à la fondation d'une caisse d'amortissement, la nécessité de restreindre les opérations aux seuls procédés de l'amortissement de la dette par des rachats journaliers, et le danger de mêler à cette fonction simple et salutaire, celle de recevoir des dépôts, des cautionnemens, des consignations, et de confondre ainsi des comptabilités de différentes natures.

Dans le plan du Ministre, la caisse d'amortissement qu'il établit est encore autorisée à recevoir des dépôts, des centimes additionnels, à ouvrir des comptes, à payer des intérêts, à employer des fonds étrangers à l'objet de son institution, et par conséquent à compliquer son administration, même à courir des risques.

J'estime qu'à raison même de la haute surveillance que les deux Chambres exercent sur la caisse d'amortissement par l'entremise des membres que le Roi aura nommés sur leur présentation, et auxquels il serait convenable d'adjoindre le Gouverneur de la Banque de France, il faut que la plus grande simplicité règne dans son administration et dans sa comptabilité, afin que la lumière se répande facilement et au premier coup d'œil sur les œuvres de cette caisse et sur les progrès de l'amortissement.

Dans le plan du Ministre, le fonds d'amortissement n'a été fixé qu'à 14 millions par an, à prendre sur le produit des postes ; mais aussi ce fonds ne devait être applicable qu'à l'extinction de 77 à 78 millions de rentes.

Dans mon projet, l'amortissement s'étendra à 163 millions 638,843 fr. 80 c. de rentes, dont, à la vérité, une partie ne sera constituée que successivement, dans l'espace de 5 ans ; mais j'ai dû néanmoins consacrer à leur amortissement un fonds proportionnellement plus considérable que celui indiqué par le Ministre, et j'ai porté ce fond à 40 millions par an ; savoir :

14 millions à prendre sur le produit des postes ;

6 *idem* à prendre sur le produit de la loterie ;

Et 20 *idem* à prendre sur le produit des bois de l'État.

Total.. 40 millions.

Ce fonds de 40 millions, en prenant pour règle le tableau formé par le Ministre, et annexé à son budget, et les effets de l'amortissement par des achats de rentes au cours de 80 p. o/o, aurait éteint, au bout de 10 ans, près de 34 millions de rentes, et, au cours de 75 p. o/o, 40 millions de rentes.

Ainsi, en moins de 10 ans, à cause du délai de la consolidation de partie des nouvelles rentes, la dette publique, dont la totalité devrait s'élever à 163 millions 638,843 fr. 80 c., serait réduite à 130 millions au plus, et le fonds d'amortissement resterait le même.

Mais ce n'est pas seulement la perspective de cette rapide extinction qui assurerait à la dette consolidée de France le crédit qu'elle doit obtenir, c'est aussi le placement et la subdivision qui se fera dans les mains des contribuables, sur tous les points du royaume, de la partie des nouvelles rentes consolidées dont les fonds auront été fournis par les contribuables.

Pour la première fois, depuis qu'il existe une dette publique en France, les propriétaires seront tous appelés à y prendre une part immédiate ; ils s'accoutumeront à recevoir, chaque année, à époque fixe, soit au Trésor royal, soit aux caisses publiques de leur résidence, un revenu moins variable que ceux des produits de la terre ; ils désireront la conservation du Gouvernement qui

les en fera jouir, et la stabilité de l'État dont ils seront devenus
les créanciers ; c'est en ce sens que j'ai dit que la nouvelle consolidation unirait. les intérêts privés à l'intérêt général, et que la
France aurait vraiment une dette publique nationale au sort de
laquelle tous les patrimoines se trouveront liés et tous les vœux
individuels se rattacheront ; c'est parce que cette fusion de
l'intérêt privé avec l'intérêt général n'existe pas sur les États du
continent d'Europe, qu'il n'a pu se former, à proprement parler,
chez aucun d'eux, la Hollande exceptée, ni crédit public, ni
caisse d'amortissement. La domination plus ou moins absolue
dans laquelle vivent les sujets de ces divers Etats, s'oppose à ce
que les œuvres de la confiance y prennent naissance et s'y main-
tiennent ; mais ces deux grands obstacles, dont l'Angleterre seule
a été affranchie, disparaîtront aussi en France sous un Gouvernement constitutionnel et représentatif, lorsqu'une grande partie
de la masse des propriétaires et des autres habitans sujets à
l'impôt sera devenue aussi propriétaire de fonds publics.

A côté de cette importante considération, il faut placer encore
celle qu'on peut tirer de l'attention que donnent les capitalistes,
soit de l'intérieur, soit de l'étranger, à la solidité d'une dette publique environnée d'un aussi grand nombre de garanties, et qui
soutiendra avec avantage la comparaison qu'on en pourrait faire
avec tous les autres fonds publics quelconques, sans en excepter
les fonds d'Angleterre dont l'immensité même ne permet pas de
calculer la valeur intrinsèque aussi exactement qu'on peut le faire
pour la France, dont la situation toute entière est mise au grand
jour, et dont toutes les charges vont se perdre et s'éteindre, dans
la nouvelle consolidation, d'une somme de rentes inférieure au
sixième de ses revenus ordinaires, et protégée par un fonds
d'amortissement qui l'absorberait en moins de 20 ans.

Et, en effet, la nouvelle consolidation est de 85 millions
859,841 fr. 80 c. de rentes.

Et 40 millions d'amortissement par an, en 20 ans, au cours de 80 p. o/o, éteindraient 95 millions de rentes.

On a bien dit de l'Angleterre, dans un des écrits récens qui ont fait le plus de sensation, que plus elle devait plus elle était riche, parce que ses fonds publics composent la fortune d'une grande partie de ses habitans, et sont autant de véritables capitaux; mais ce n'est là qu'un paradoxe brillant, et un abus de l'argument tiré de l'utilité d'une dette publique sagement établie, par le mouvement qu'elle imprime aux capitaux oisifs, et la faveur qu'elle prête au développement du crédit. Il n'est pas vrai, au fond, que plus on emprunte plus on s'enrichisse, et si l'Angleterre offre le double phénomène d'une dette prodigieuse et d'une grande richesse, c'est parce que ses recettes ayant grossi chaque année par l'étendue de son commerce, elle a pu aussi contracter des engagemens toujours croissans; mais il y a un terme quelconque à la progression de ses bénéfices et de ses richesses, et ce terme sera aussi celui de la progression de son crédit; tout ce qu'on peut avancer à présent, c'est que ce terme n'est pas arrivé; mais on ne peut pas dire de l'Angleterre comme de la France, que le service des arrérages annuels de sa dette entre, sans surcharge pour les sujets de l'État, dans la composition de ses dépenses ordinaires, dont ils ne forment pas le tiers, et que l'amortissement de cette dette est si rapide qu'en moins de 20 ans elle peut décroître de près de 3 cinquièmes; que du reste, aucun arriéré, aucune charge extraordinaire n'embarrasse la marche de son administration, et que des impôts modérés suffisent à la dépense de tous ses services.

Voilà, je le répète, ce qui ne manquera pas de fixer l'attention des capitalistes, à l'intérieur et au dehors; et c'est un des remèdes les plus prochains à espérer au dommage d'exportation de numéraire que causent à la France les contributions étrangères qu'elle paye actuellement. Quelque part que soit le numéraire, il n'a de valeur que par son emploi et par son intervention dans les échanges ; et tout l'argent qui , en Europe , échappe à la thésaurisation ou aux expéditions dans l'Inde , se dirige ordinairement vers les États dont les Gouvernemens par leur sagesse , les sujets par leur industrie , et les fonds publics par leur solidité et leur bonne assiette , offrent aux capitaux les emplois les plus sûrs et les plus avantageux. Sous tous ces divers rapports, la France peut, avec un bon système de finances , le disputer aux autres nations ; et , en laissant les contribuables dans l'aisance , elle rappellera à elle , par sa dette publique comme par les procédés du travail et du commerce, les espèces qui vont s'écouler hors de ses frontières.

Les garanties qui accompagnent la dette publique , les bornes dans lesquelles elle est renfermée , permettent d'en maîtriser le cours et d'en prolonger la durée , d'en régler l'amortissement , et de fonder , pour l'avenir , un crédit suffisant à tous les besoins extraordinaires ; et , du sein de nos embarras actuels , nous aurons tiré au moins cet avantage , que la confiance universelle s'attachant à nos engagemens et aux moyens que nous avons de les remplir, rien ne sera impossible à la Nation française quand la justice et l'honneur lui commanderont des efforts et des sacrifices.

Du Fonds de garanties consistant dans les Bois de l'État.

S'il était possible de méconnaître l'effet inévitable que doivent produire sur la valeur des rentes toutes les circonstances et toutes les précautions dont j'ai parlé, et qu'il restât encore quelque doute sur le mérite et la solidité des bons supplémentaires, remboursables du 31 décembre 1825 au 31 décembre 1830 , toutes les incertitudes cesseraient à l'aspect du fonds de réserve que l'État garde en ses mains par la retenue des bois dont la vente devait avoir lieu, selon la loi du 23 septembre 1814 et le projet de loi proposé en décembre dernier.

Je suppose qu'en 1823, le cours des rentes ne se soit pas assez amélioré, c'est alors que je fais intervenir, comme puissant et irrésistible auxiliaire, le prix à provenir de la vente jusqu'alors suspendue de 400 mille hectares de bois de l'État.

Ce prix sera employé en achats de rentes destinées à former pour l'État un fonds de réserve dont on ne saurait assez signaler l'importance.

L'emploi successif, dans le cours de deux ou trois ans, d'une somme de 3 ou 400 millions, telle qu'on espérait l'obtenir par la vente des bois, absorberait, au cours de 60 p. o/o, 25 à 30 millions de rentes; la caisse d'amortissement en aurait déjà éteint plus de trente millions, et la dette publique restant dans les mains des rentiers et des capitalistes, nationaux ou étrangers, serait réduite à 90 millions environ, sans que le fonds d'amortissement eût diminué; en sorte que, dans les dix années subséquentes, elle décroîtrait encore de 40 millions.

Certainement l'emploi d'une somme aussi forte en acquisition de rentes, aux approches de la première échéance des bons supplémentaires, doit élever bien près du pair, si elle ne l'y porte pas tout à fait, la valeur des fonds publics, et réduira ainsi à bien peu de chose la différence représentée par les bons supplémentaires; mais quelle que soit cette différence, les rentes achetées avec le produit de la vente des bois seraient plus que suffisantes pour l'acquittement des bons supplémentaires.

Dans le cas le plus probable, celui de l'élévation du cours des rentes, les bons supplémentaires se résoudront en une somme légère, ou ne coûteront rien au Trésor; et il arrivera, ou qu'il sera inutile de vendre les bois qui, en ce cas, formeront naturellement un fonds de réserve à l'État, ou que les rentes achetées au-dessous du pair avec le prix qui proviendra des bois, formeront elles-mêmes un fonds de réserve disponible à toute heure , et au moyen duquel l'aisance du Trésor sera constamment garantie.

Si, par l'effet de la vente d'une partie des bois de l'État , ce qui resterait non vendu produisait moins que les 20 millions assignés à la caisse d'amortissement, le déficit serait remplacé par assignation sur d'autres branches du revenu public ; en sorte que le fonds d'amortissement subsistera toujours pour 40 millions par an.

Dans le cas où le Gouvernement et les deux Chambres jugeraient à propos de doter le Clergé de la totalité des bois qui lui appartenaient et qui sont encore invendus , les 19 millions compris dans le budget du Ministre, à titre de pension pour le Clergé, remplaceraient les 20 millions à prendre sur le produit des bois de l'État pour le service de la caisse d'amortissement ; et si les 3 ou 400 millions annoncés devenaient nécessaires , en 1823, pour élever le cours de la rente au pair, ou presque au pair, il y serait pourvu par une augmentation proportionnelle et successive sur les contributions directes , également avec remboursement en rentes accompagnées de bons supplémentaires.

Je ne puis trop redire, en terminant ce Mémoire, combien il est consolant de penser qu'au moment même où une masse effrayante de tributs , de dettes et d'impôts s'offre à nos yeux comme un obstacle invincible au retour prochain de l'aisance et du bonheur, on peut trouver encore, dans de bonnes mesures de finances, le moyen de s'acquitter fidèlement, en diminuant les impôts dès à présent, et en s'abstenant de vendre les biens du Domaine.

Dans le plan proposé par le Ministre il faut que le Trésor reçoive, en 1816, une somme de 960 millions pour faire face aux dépenses ordinaires et extraordinaires ; et, même en recevant cette somme, rien n'est payé aux créanciers de l'arriéré ; on leur réserve et on leur affecte exclusivement les biens du Domaine et les bois de l'État pour une somme de 625 millions ; enfin , on n'admet pas comme créanciers de l'État les Français émigrés dont on a vendu les biens.

Dans le plan que je propose, la recette à faire en 1816 pour acquitter toutes les dépenses ordinaires et extraordinaires, ne consiste que dans les sommes suivantes :

  Recette ordinaire........................... 620 millions.

  Supplément de cautionnement et retenue... 73 millions.

                693 millions.

Au lieu de 960 millions, à la vérité, on emprunte encore...................... 87 millions.

aux contribuables, ce qui porte la recette à 780 millions.

Mais pour cette somme de 87 millions on remet aux contribuables une valeur égale en rentes sur l'État, qui leur servira au moins de fonds d'avance pour se *préparer* à l'acquittement des charges de l'année prochaine ; et la même *facilité* se renouvellera pour eux dans chacune des quatre années subséquentes.

Voilà donc d'abord un moindre déboursé actuel et immédiat de 180 millions ; et cependant, sans qu'il soit besoin de mettre en vente les bois de l'État et les biens du Domaine, satisfaction pleine et entière est donnée aux créanciers de l'arriéré et aux émigrés dont les biens ont été vendus ; le service exact des contributions étrangères est assuré, et la France est dégagée de toute autre dette que celle qui sera représentée par des fonds publics dont l'amortissement graduel est invariablement garanti.

Il me semble que de tous les projets de Finances que les circonstances actuelles ont fait éclore, il n'en est aucun qui réunisse les mêmes avantages, et qui offre *particulièrement* celui d'une LIBÉRATION ACTUELLE, COMPLETTE ET ABSOLUE ; la profonde conviction dont je suis pénétré à ce sujet, me fait désirer ardemment qu'il puisse être fait une sorte d'appel aux différentes personnes dont les lumières et l'expérience, en matières de Finances, sont reconnues et éprouvées, pour qu'elles se

réunissent et discutent les divers projets. rendus publics , ou
fournis au Ministère ou à la Commission ; je leur soumettrais
et je leur développerais avec empressement , si j'avais l'avantage
d'y être appellé moi-même , le plan que je viens d'exposer : je
crois pouvoir répondre d'une manière satisfaisante à toutes les
objections , et j'ai la confiance que plus il serait approfondi , plus
il serait jugé digne de suffrage.

Je renouvelle ici l'annonce que j'avais déjà faite, à la fin de
mon Mémoire de 1814, d'un travail particulier sur les mesures
que j'ai cru les plus propres à hâter le développement des ressources territoriales de la France et des facultés industrielles de
ses habitans ; les événemens de 1815 ont changé les bases et les
données de ce travail, mais j'ai continué à me procurer, sur
toutes les branches d'industrie qui font partie de la richesse de
l'État, les informations nécessaires pour pouvoir discerner et in-
diquer les moyens de perfectionnement. Ce travail ne sera pas
étranger aux Finances , puisqu'il se rattache à l'amélioration de la
balance du Commerce de la France avec les autres États , et à la
restauration de la fortune publique ; il comprendra aussi l'indi-
cation des réformes à faire dans la comptabilité et dans l'organisation des services des différens Ministères , pour ce qui tient aux
subsistances et aux approvisionnemens de toute espèce ; comme
c'est le Gouvernement qui est le plus grand consommateur de
l'État, il importe que les procédés qu'il emploie soient toujours
en harmonie avec les intérêts de l'agriculture et du commerce ,
et c'est essentiellement sous ce rapport, que je crois possible et
facile d'introduire un meilleur ordre de choses que celui qui existe,

TABLE
DES MATIÈRES.

FIN DE LA TABLE.

De l'Imprimerie de NOUZOU, rue de Cléry, N°. 9, à Paris.

www.ingramcontent.com/pod-product-compliance
Lightning Source LLC
LaVergne TN
LVHW022037080426
835513LV00009B/1108